Jochen Windheuser

Limericks

aus dem

Bremer Norden

mit Zeichnungen von

Charline Alcantara

Einem Schreiber in *Bremen-Nord,*

dem laufen die Leser fort!

Da zieht er vom Leder

mit kratziger Feder,

schreibt Limericks im Akkord.

Bibliografische Information der Deutschen Nationalbibliothek:

Die Deutsche Nationalbibliothek verzeichnet diese Publikation

in der Deutschen Nationalbibliografie; detaillierte bibliografische

Daten sind im Internet über http://dnb.dnb.de abrufbar.

Herstellung und Verlag

BoD – Books on Demand, Norderstedt

ISBN 978-3-7526-7291-6

Einleitung

Wer hat die Limericks erfunden?

Nein, nicht die Schweizer, auch nicht die Finnen. Als Erfinder gilt der Engländer Edward Lear im frühen 19. Jahrhundert. Aber hat er's erfunden? Wie üblich bestreiten das die Iren, die dem ungeliebten Nachbarn England in Kultur und Tradition immer schon voraus sind. Nach ihrer Meinung jedenfalls. Limerick ist immerhin eine Stadt in Irland, und ein irisches Soldatenlied aus dem 18. Jahrhundert (eindeutig früher!) singt davon.

Nachgemacht wurden die Limericks in vielen Sprachen, zum Beispiel in den 70ern vom deutschen Blödelsänger-Duo Schobert & Black. Na, wer erinnert sich noch an den Prinzen aus Linz?

Was also ist ein Limerick?

Zunächst einmal: eine bestimmte Gedichtform mit überraschend strengen Regeln. Es sind immer fünf Zeilen. Diese müssen sich wie folgt reimen:

a a b b a

Das heißt: Die erste, zweite und fünfte Zeile haben den gleichen Endreim. Die dritte und vierte haben einen anderen, aber wiederum gleichen.

Dasselbe Schema taucht noch einmal auf. Die Zeilen 1, 2 und 5 haben je drei Hebungen, also betonte Silben. Die Zeilen 3 und 4 haben dagegen nur zwei Hebungen. In so manchen brav gewerkelten Limericks findet man Verstöße gerade gegen diese Regel, aber bei einem „richtigen" Limerick muss sie eingehalten werden.

Und dann kommt noch eine Regel hinzu, die für Limericks absolut typisch ist: Die erste Zeile beginnt mit einer Person oder Gruppe und endet mit einem Ortsnamen. In den ganz alten Genre-Gedichten ist das nicht immer so, aber heute gehört es für Limerick-Schmiede zum guten Ton, sich daran zu halten.

Und jetzt zum Inhalt.

Der ist eigentlich völlig beliebig, außer: Er sollte irgendwie lustig sein. Das geht auch gar nicht anders, denn auf viele Ortsnamen reimt sich eigentlich nur Blödsinn. Dennoch eine Geschichte hinzukriegen, ist die eigentliche Kunst.

Also: Limericks sind Nonsensgedichte, oft „höherer Blödsinn", oft auch schwarzer Humor.

Jetzt dürfte klar sein, warum ich für meine Limericks den Bremer Norden als Austragungsort gewählt habe. Es gibt viel Blödsinn hier, das habe ich als Wahl-Vegesacker nicht selten erfahren.

Was findet sich demnach in diesem Büchlein?

Streng geformte Limericks über erfundenen Unsinn und erfundene Personen in jedem der 20 Ortsteile der drei Nordbremer Stadtteile (wobei ich, um mehr Gedichte schreiben zu können, die Ortsteile zerlegt habe, die zwei Ortsbezeichnungen mit Bindestrich vereinen). Jede Ähnlichkeit mit tatsächlichen Personen oder Ereignissen ist rein zufällig!

Und nun noch eine reumütige Entschuldigung.

Ich hatte den Ehrgeiz, dass wirklich jeder Ortsteil drankommt, und sollte es noch so schwierig sein, die passenden Reime zu finden. Trotz tagelangen Brütens musste ich an drei Stellen Kompromisse eingehen. Einen merkt man auf die Schnelle vielleicht gar nicht: bei den Reimen zu Rönnebeck habe ich elegant aus dem ö ein o gemacht.

Der zweite Kompromiss ist schon unangenehmer: Marßel! Was zum Teufel reimt sich auf Marßel? Der Leser wird meine kleine Schummelei bemerken.

Am schlimmsten war's bei Grambke. Ich verspreche allen, die mir einen sauber gereimten Limerick zu Grambke schicken (Mails an jochwind@web.de), ein Bier! Gern auch ein irisches!

Viel Spaß also beim Lesen. Und Nachmachen!? Wie gesagt, erfunden habe ich es ja auch nicht.

Die Zeichnungen, zu jedem Stadtteil eine, sind von der Nordbremerin **Charline Alcantara**! Danke!!!

Bremen-Nord, im November 2020

Jochen Windheuser

Blumenthal

Ein Hobbykoch aus *Rekum*

Dreht singend am Grill das Steak rum.

Da fährt im Gewitter

ein Blitz in das Gitter.

Das Fleisch ist gar, doch der Freak stumm.

Ein Tischlermeister aus *Farge*

sägt fröhlich an einer Zarge.

Plötzlich sinkt ihm der Mut,

er fühlt sich nicht gut,

jetzt schreinert er an seinem Sarge.

Ein Umweltwächter aus *Rönnebeck*

findet mitten im Ort eine Tonne Dreck.

Er kippt sie zur Seite

auf die runde Breite

und rollt sie voll Stolz und Wonne weg.

Ein Rentner aus *Blumenthal*

zerbricht sich den Kopf vor der Wahl.

Wähl' ich grün oder links,

oder doch Carsten Dings?

Am Schluss ist's ihm schietegal.

Eine freche Göre aus *Lüssum*

malte Lippenstift rund um die Schnüss rum.

Die Nachbarjungs liefen

ihr nach, und sie riefen:

„Blöde Gans, du bist ja so süß-dumm!"

Ein Schauspieler aus *Bockhorn*

übt Gefühle, von Angst bis Zorn.

Doch was er auch tut,

er kommt nicht in Wut.

Da übt er wieder von vorn.

Vegesack

Ein alter Bauer aus *Aumund*

hat Kühe, schwarz und graubunt.

Sie reiben mit Pläsier

ihre Hintern an der Tür,

das Holz ist nicht glatt, sondern Rauhspund.

Eine Hausfrau aus *Hammersbeck*

sieht 'nen Geist in der Küche voll Schreck.

Doch dann legt sich ihr Bangen,

wieder rot ihre Wangen:

Meister Propper vertilgt einen Fleck!

Es schimpft ein Bewohner von *Fähr*:

„Dieses Lobbendorf macht nicht viel her!"

Und getreu diesem Wort

zerteilt er den Ort.

Drauf schwillt ihm die Brust voller Ehr'.

Einen Jungen aus *Lobbendorf,*

den plagten Ausschlag und Schorf.

Das juckte so sehr,

nichts half ihm mehr

außer Schlafen in Säcken voll Torf.

Ein Freiherr zu *Vegesack,*

der zeigte sich gern im Frack.

Doch ein Sturz in den Hafen

zerknüllte den Grafen,

und aus war's mit Adel und Lack.

Ein Trauerredner aus *Grohn*

traf immer den richtigen Ton.

Doch dann, wie verhext,

vergaß er den Text.

Das brachte ihm Spott und Hohn.

Einer Violinistin aus *Schönebeck*,

der rutschten auf einmal die Töne weg.

War das Stück noch so leicht:

Sie hat es vergeigt.

Ganz Schönebeck macht das Gedröhne jeck.

Burglesum

Eine Kinderfrau aus *St. Magnus*

macht heute früher am Tag Schluss.

Doch das Kind macht Radau,

da verflucht sich die Frau,

weil sie wieder zurück zum Blag muss.

Ein sportlicher Jogger aus *Lesum*

rannte rasch um den Grambker See rum.

Doch plötzlich: ein Stein!

Laut hört' man ihn schrein!

Er stieß sich am Stein den Zeh krumm.

Eine Metzgersfrau aus *Burgdamm*

ist wieder mal pleite und klamm.

Da wiegt sie beim Mett,

beim Steak und Kotelett,

statt 'nem Kilo nur neunhundert Gramm.

Ein strebsamer Dichter aus *Burg*

fühlt berufen sich als Dramaturg.

Doch er hat sich verrannt,

sein Genie wird verkannt.

Jetzt wird er aus Rache Chirurg.

Ein blondes Mädchen aus *Grambke*

sang schwülstige Lieder zur Klampfe.

Doch Jahre darauf

gab sie es auf,

da niemand sich ihrer erbarmte.

Ein uraltes Weib in *Marßel*,

geboren dereinst in Barßel,

spricht nur Saterlandplatt.

Die Leute haben's satt,

verstehn nicht ihr Friesengefa(r)sel.

Ein Fräulein aus *Lesumbrok*

kochte Huhn à la Japan im Wok.

Sie nahm so viel Chili,

dass ihr Liebster Hans-Willi

vor Schmerz das Gesicht verzog.

 Jochen Windheuser, geboren 1946 im Ruhrgebiet, hat es als Rentner in den Bremer Norden verschlagen. Irgendwann packte ihn dort die Schreibwut. Und jetzt kriegen es die Leser ab.

Dieses Büchlein folgt zwei weiteren Büchern in diesem Jahr:

 *Ingólfur. Ein Leben in Island.* Ein Junge im Island des 13. Jahrhundert: Entwicklung, Leben in jener Zeit, Natur, Kriege und Krise der Bauernrepublik, Blütezeit der Dichtung um Snorri Sturluson, und die eigentümliche Beziehung zur Traumwelt der Elfen.

Books on Demand, Norderstedt 2020
ISBN 978-3-7504-3770-8
328 S., broschiert, 12,99 €, E-Book 9,49 €

     *Sonette an Heldinnen und Helden der Geschichte.* In der strengen Gedichtform des Sonetts werden 25 historische Personen gewürdigt, die auf ihre Weise – und aus der subjektiven Sicht des Autors – zu „Helden" geworden sind, oft trotz ihres Scheiterns.

Books on Demand, Norderstedt 2020
ISBN 978-3-7526-6817-9
116 S., broschiert, 9,80 €, E-Book 6,99 €